사유악부 시인선 09

사건의 장소

울 3집

서연우
최석균
이주언
정남식
김명희
김승강
박은형
임성구

사유악부 시인선 09

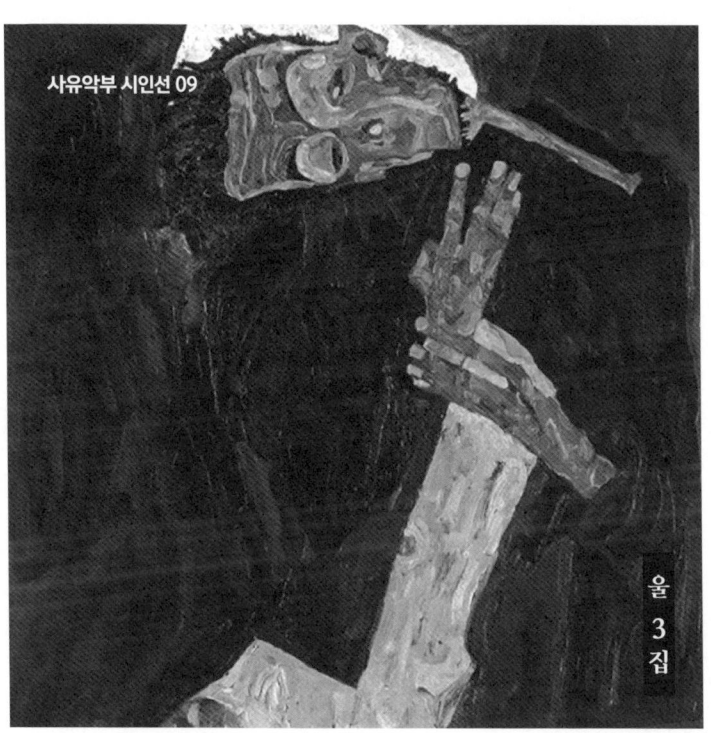

울 3집

사건의 장소

서연우 최석균
이주언 정남식
김명희 김승강
박은형 임성구

사유악부

특집 서문

타인의 고통

 '울'은 참가 시인이 제출하는 발표작 또는 미발표작과 함께 매 호 공통의 주제를 정하고 그 주제에 따라 각 시인이 쓴 한 편의 시를 더해 책을 묶는다. 시인의 시적 개성은 개별적인 것으로 그 개성은 존중받아야 한다. 동인이지만 각 동인의 고유한 시적 개성을 일정한 방향으로 수렴하고자 하는 일은 있을 수 없다. 주제를 설정하고 그 주제에 따라 각 시인이 시 한 편을 쓰는 것은, 개인은 작가로서 독립적 존재이지만 동인으로 참여하는 한 현시점에서의 사회적 이슈를 발굴하고 그 이슈에 대해 같이 생각해 보자는 데 있다. 매 호 다른 주제는 동인을 묶어주는 본드 같은 것이고 '지금 여기'에 발을 딛고 있는 작가로서의 책임 같은 것이라고 할 수 있겠다.

 이번 호 주제는 타인의 고통이다. '타인의 고통'은 인간은 본능적으로 타인의 고통을 즐긴다는 데서 출발한다.

수전 손택은 『타인의 고통』(원제 : Regarding the Pain of Others, 2004)에서, 타인의 고통에는 이미지(사진, 영상 등)의 발신자와 이미지의 수신자가 존재한다고 말한다.

이미지의 발신자는 전쟁의 현장, 폭력의 현장, 재해의 현장 등 비극의 현장에서 이미지를 생산하고 수신자는 그 이미지를 수신해 소비한다. 이때 수신자는 발신자가 보낸 이미지를 자신과 별개의 것으로 대상화함으로써 관음적으로 즐긴다. 발신자는 이미지를 포착, 생산하는 과정에서 이미지를 프레임 안으로 수렴 또는 프레임 밖으로 배제하는 선택의 과정을 거칠 수밖에 없고 그 과정에서 발신자의 욕망이 개입하며, 수신자는 발신자가 발신한 이미지를 수신하는 과정에서 그 이미지를 재해석함으로써 발신자의 욕망에 참여한다.

세계는 여전히 전쟁과 폭력, 자연재해와 빈곤 등으로 고통받고 있다. 고도로 발달한 통신기술은 그 모든 현장에서 타인의 고통을 실시간으로 생산하고 시장에서는 그것을 실시간으로 유통 소비하고 있다. 대중은 고통받고 있는 타인의 이미지에 탐닉하다 무감각해져 보다 센 강도의 타인의 고통을 요구하고 있다.

어느 순간부터 사진, 영상, 이미지는 전통의 텍스트를

대체해 버렸다. 사진, 영상, 이미지는 무서운 속도로 생산, 소비되었다. 이 속도는 이미지의 범람 속에서도 인간에게 남아 있을 일말의 연민마저 마비시키고 있다. 대중은 제삼 세계의 빈곤을 돕자는 영상에 대해 '빈곤 포르노'라고 매도하며 외면하기에 이르렀다. 그렇다면 텍스트(문학)는 과연 사망선고를 받은 것일까?

이미지가 즉흥적이라면 텍스트는 지속적이다. 이미지가 연민을 낳는다면 텍스트는 공감을 낳는다. 연민은 빠르고 공감은 느리다. 이미지가 불의 속성을 닮았다면 텍스트는 물의 속성을 닮았다. 불은 확 타오르고 물은 깊숙이 스민다. 수전 손택은 이른바 값싼 동정으로서의 연민을 경계하면서 타인의 고통에 공감하고 그 공감을, 연대를 통해 행동으로 옮길 것을 강조한다. 이 지점에서 텍스트의 필요성이 부각된다. 따라서 텍스트의 사망선고는 근거가 없다.

텍스트는 그 소비와 관련하여 타인의 고통을 둘로 나누어 생각할 수 있다. 그것은 상대적으로 소비 속도가 느린 대신 그만큼 시간을 벌기 때문에 가능한 일이다. 우선 '타인'을 절대적 타인과 상대적 타인으로 나눌 수 있겠다. 고통을 당하고 있는 사람이 나와 전혀 상관이 없는 타인이라면 그의 고통은 수전 손택이 말한 소비의 대상으로 전락할 위험이 있다. 반면 고통을 당하고 있는 타인이 나와 무관하지 않은 타인이라면 그의 고통은 나와 별개의 것으로 대상화할 수 없다. 이미지가 고통받는 너를 피사체로 포착할 때 텍스트는 고통받는 너에게 나를 투신한다. 이른바 공감의 순간이다. 문학(텍스트)은 고통받는 자의 고통을 일방적으로 소비하는 이미지와 달리 고통받는 자의 고통 편에 서서 그 고통과 함께한다. 따라서 문학은 고통받는 자의 편이라는 언명은 여전히 유효하다. 지금은 그 어느 때보다 문학의 힘이 필요한 때다.

차례

특집 서문 타인의 고통 | 4

특집시

서연우 / 이것이 정말 풀일까 | 15

최석균 / 높이 날아 비상 | 17

이주언 / 보트피플 | 19

정남식 / 루루 | 21

김명희 / 있다 | 29

김승강 / 아프리카 아이 | 31

박은형 / 지기 전에 라일락 | 33

임성구 / 사람 사용설명서 | 35

시

서연우

시작은 봄이다 | 40
짚트랙 | 42
지진 | 44
비둘기들이 철교 아래 | 46
풀과 피아노 | 48
커튼을 연다 | 50
가을 무휴 | 52

최석균

까마귀들이 까마득히 | 56
고양이를 삼킨 유리창 | 58
지렁이 사진 | 60
뿌리부터 눈물 | 62
간월재의 달 | 64
입춘 | 66
절연이 올 때까지는 | 68

이주언

이혼 숙려 하우스 | 70
와인 드레싱 | 72
참외를 깎는 오후 | 74
겨울 눈동자 | 76
나의 뇌가 해석되는 방식 | 78
프라하 광장 | 80
나의 질량이 사라질 때 | 82

정남식

침향 | 86
갈대 바람 | 92
노을의 언덕 | 94
붉은 멍게를 기다리며 | 96
어린 멍게 | 98
목욕 불 | 99
사건의 장소* | 101

김명희

육회를 먹습니다 | 108
목자* | 110
라羅* | 112
사건의 밤 | 114
어두워서 | 116
나리꽃 갤러리 | 118
끝나지 않은 봄 | 120

김승강

유모차 | 122
심심해서 고추나 만지고 있습니다 | 123
한 줌의 고통 | 126
눈 오는 날의 논쟁 | 128
내 안의 뱀 | 130
연금의 도시 | 133
일요일은 의식이 필요해 | 136
아무도 모르는 자의 주검 | 138

박은형

다큐, 산란 | 140

철비 | 142

풍등 | 144

틴트 | 146

궤도에 관한 소회 | 148

옷집 교정 | 150

시월 | 152

임성구

구름 위에서의 식사 | 154

말린 꽃처럼 | 155

못이 두 개 | 156

하느님, 이제 편히 쉬세요 - 어느 사형수의 마음 대필 | 157

밤비 | 158

결혼 30년 차 사후의 연애담 | 159

직지사로 드는 문 | 160

산안개가 놀다 간 자리 | 161

비평 | 162

특집 시

이것이 정말 풀일까

· 서연우

북으로 가는 기러기 소리를 듣다
하늘이 길을 열어주는 모양을 보다
풀을 보고 있다
풀밭은 이미 불 질러진 시간이
있다
호미로
깨부술 때 되튀어
그저 몸뚱어리만 꿈틀거릴 뿐인데
풀은 완강한 흙을 따라 나온다
지렁이가 파닥인다
세상 꼴 보지 못하게 얼른 흙으로
덮으며
왜 기러기는 날고 지렁이는 기는지
생각하다
이것이 정말 풀일까
지렁이는 죽지 않게 묻어주면서
풀을 뽑는다

기러기가 될 때까지

지렁이가 될 때까지

불 질러 보고 싶은 풀밭을

백지라 여기고

높이 날아 비상

· 최석균

비상사태가 선포되었다
나는 군인처럼 출동하여 아버지를 구금했다
집에 가자 어서, 벽 뒤가 집인데 왜 안 가
아버지는 섬망의 눈으로 울었지만
묶인 손발을 풀 길이 없었다

단층집에서 평생을 보낸 아버지가
생의 매듭을 풀고자
적절한 높이의 장소를 물색하고 다녔음을
나는 사태를 수습하는 중에 알게 됐다
그 염원이 닿아서인지
하늘은 아버지를 고층 건물로 불러들여
천 길 나락을 안겼다

눈에 닿는 모든 공간이 벽이 되는 길 위에서
나는 돌아가지 못할 시간과의 전투를 준비했지만
아버지는 서둘러 비상사태를 해제시켰고

내 계획은 무산됐다

벽을 깨고 사라진 길이 높이 숨었다가
땅속으로 곤두박질쳤다
아버지가 손수 길 끝에 지어둔 새집 위로
최루가스가 날리고
오래 피던 배롱나무꽃이 졌다

보트피플

· 이주언

뿌리 뽑힌 나뭇가지에 눈동자들 매달려 있다

폭탄을 피해 달아나는 고양이처럼
생을 끌어안을수록 두려움 커지는 눈동자

유리창 깨지고 낡은 벽이 부서지고 피 흘리며 쓰러져 가는

예고 없는 비명에 귀 기울이다가
깜깜한 고요에 짓눌리다가

느릿느릿 출렁이는
고무보트에 몸을 싣고

구토와 가난과 불안이
외면의 표정 앞에 부풀어 오른다

너의 눈빛이 프레임 안에서 떨고
너의 생이 군데군데 구멍이 나도

내 가슴은 잠시 뜨거워지다 마는데

펼쳐지는 너의 고통을
티브이 화면에 들이치는 파도를

알지 못하는
알려고 하지 않는

뿌리 박힌
내 어둠의 무게가

너의 보트처럼 떠돌고 있다

루루

· 정남식

트럼프의 귀가 총성을 물고 늘어졌을 때 고국의
분이 할머니는 꿈에서 웃고 있었다, 웃고
있었어요 총알은 세계의 귓등을 넘어가고
침대에 걸터앉은 혜란蕙蘭의 몸 후르르 대차게 흔들
리는 날

북풍 불어 오물 풍선이 눈 오듯
여의도 밤마실 가보니 바람결에 피었는가
풍란風蘭 보기 좋다가 하느님 보기에 싫어서
총 꽃부리에 그만 숨이 막히다가
맨손 광선검으로 잡은 여인에게 막혀

123이여, 일월의 신이여
45여, 연이은 연년세세로
6이여, 육실헐 시간인가

6시간 후에 패왕열희는 죽을 것인가

후여 후이여 후- 후 -

A형이여, 독감이 찾아왔나이다
신열이 몸의 등성이를 타고 넘어가서는
머리에 올라 얼빠지니 죽을 얼을
간신히 기신할 때 머리에서 제주 한란寒蘭이 피어올
랐다
서늘하게 살 일이구나

새해 출근길 석동터널 빠져나오다
차가 두 쪽 나는 줄 알았다
트랙스가 뒤에서 순간적으로!
소녀는 토굴에 숨듯 나오지 않았다
아반떼 대적광전 한 채
뼈 드러난 엉덩이를 끌고 갓길로 질질
추돌 소녀는 오체투지 하듯 뒤따라왔다

미안해요,
터널을 벗어나느라
제 생이 잠시 기울었어요
검은 살얼음이 끼었나 봐요
미쳤어

어두운 병동, 새벽 4시 창문 너머
장례식장이 가등을 품고 웅크리고 있다
홀로 깨어 모든 어둠을 수렴하고 있을 때
다가온 죽음을 서둘러
가족들은 맞이하러 오는구나

침대에서 난 한 촉 같은 영양 주사를 맞았어요
근육은 충격에 굳었어요 얼어 있었지요
약을 털어놓고 쩔면서
병실에서 저는 열부전 교정쇄를 읽어야만 해요
나에게 비밀과 어둠을 주세요… 무고로 죽은

지아비의 원수를 월광검으로 무찔러야 해요
백골단을 만들어서라도
용산의 미명을 틈타

병원의 첫 아침을 먹고 다시 영양 주사
떨치고 나니,

광명 요양병원에서
코뚜레로 삶을 마감하고 있는,
장인의 숨결이 가쁘게 미쳐 왔다
숨의 그래프가 오르락내리락 물결치다가
똑똑 떨어지는 수액 방울의 빔이
마침내 영혼의 수평으로 넘어갔다

천국에 오심을 환영합니다!
생의 옷을 죽음으로 환복하자 적막하였다
이제 우리는 각자 돌아가 경야해야 하리라

이대서울병원 지하 1층 갤러리 SPACE B-TWO
길은 발산역 지하철로 이어지고 있었으나
밥주발이 발산하는 수명산壽命山을 향하고 있었다
김수현은,「푸른 달빛 은하」에서 아기가 양수에서 피어나듯「하늘의 축복」을 걸었다
밤에「쉬고 있는 태양」은 빛을 거두어 초록 물잎을 뽕뽕 피우고,
「지구 위의 거북이」가 푸른 물로 붉게 붉게 등을 태우며 햇빛을 만드니
이「은하수에 던진 달콤쌉싸름한 러브레터」가 장례식장으로 꽃을 던지듯 연결되었다

근조 국화의 천국 환영은 하느님 우편인가 좌편인가
쪽배 같은 오동관을
왼편 손으로 들어 우편으로 보내주는 게 좋지 않을까
드리워진 헌화가 마르지 않게
다시 물 항아리에 꽂아주었다

헌화한 이들이여
우리 산 자에게도 살아 있는 장례를 치르는 것이리라
이 살아 있는 자세는 본받을 만하니,
"그러니, 이 세대 사람을 무엇에 비길까?
그들은 무엇과 같은가?'
그들은 마치 어린이들이 장터에 앉아서,"²
엄동 차가운 바람에 구령을 기다리는 것과 같을 것이리

버스가 도착한 예천 손기리 천변 다리
햇빛이 흐르고 물은 말라 겨울이다
버스에 관이 고여서는 눈을 감고 있다
산자락에서 포크레인이 무덤을 파고 있었다
큰 나무가 바가지 갈퀴에 순식간에 쓰러진다
죽음에 닿기 전 미장이가 바닥을 다지고
관이 내려앉아 흙을 던진 손이
찬송으로 화장할 때 흙에 엎드리는 것이다
딸랑딸랑 기억의 사체는 흙을 밟으며 떨어지고

장승처럼 선 근조 국화가 파랗게 얼어가리라

떠나지 못할까나, 낙동강 삼강주막 막걸리를 노처럼 저어서는 보자기에 싸고 지게에 지었네, 강 건너 받을 길 없는 외상 긁은 칼끝 글자가 할매의 주름살로 늙었었지, 지문으로 문질러도 지울 수 없던, 길 떠난 자의 저 갑을 병정 생의 적바림이 강바람에 선 회화나무로 구부야 구부구부 섰는가, 유행가만이 저 홀로 막걸리를 마시는 객 없는 주막 방구들에 누워보네, 한 모금 마셔보는 황천 막걸리 태평일세, 객아 손 없어도 이 난장에 배추전을 깔아 보시게나,

아내는 집에 와, 죽은 아비의 내복을 입고는, 아버지를 입고서야 육탈의 허물을 운다 생전 아비가 차 안에서 늘어지도록 틀던 패티김 〈1990년〉 테이프를, 아내는 밤 새 되풀어 몸에 감고는, 루루, 밤이슬로 떼어내니

춘란春蘭의 촉이 코를 찢었다

      배가 아프기 시작했다

루 루루 루루 루루루

     장막을 치고 창문에 누운

       아비, 바람이 분다

1,2 _ 누가복음 7:31-32

있다

· 김명희

숨을 할딱이는 사람에게 펜을 주었다

나무도 숲도 없는 벌판에서 한뎃잠을 겹겹 싸맨
피투성이로 어떻게 왔는지

발자국 감추려 길을 덮고
게임하듯 건물을 폭파하고
환호하지 않았습니까
주검을 뛰어넘고 도망치지 않았습니까

세상을 다 써버린 구불구불한 필체로
열일곱에 총을 들었고 총탄에 턱이 깨진 스무 살입니다

죽어서 산다는 악마의 학습을 부정하는 메모와
영혼을 도륙당한 눈빛, 살고 싶은 눈빛 살아

있다

TV 뉴스를 보듯 지나칠 수 없다
신문을 덮듯 눈감아버릴 수 없어

마음을 들여다보는 이 있다

나의 부재를 증명하고 싶지 않은
내가 있다

아프리카 아이

· 김승강

아이야
네가 아파 내가 아프다
우리 모두 명절처럼 다 같이 즐거워하자
휴일처럼 다 함께 기뻐하자
아프지 마라 아프지 마라
아프리카 아프리카
아프지 마라 아프리카
내 안에 악이 있어
나는 종종 너의 대륙이 놓아기르는 동물들을 본단다
동물의 왕국의 약육강식을 보며 즐거워한단다
네가 태어난 대륙의 운명을 보며
내가 사는 문명에 안도한단다
미안하다 아프리카
아프지 마라 아프리카
아프니까 아프리카?
모욕하지 마라 아프리카
우리 모두 명절처럼 다 같이 즐거워하자

휴일처럼 다 함께 기뻐하자

지기 전에 라일락

· 박은형

오전에 다리가 긴 볕의 체형에 몸을 맞추어 본다
다듬지 않은 유리처럼 기침 조각은 따라붙고

젖은 흙에 한 잠 재웠을 뿐인데
씨앗들, 몸 하나씩 지어 입고 화분을 철렁거린다
조금 더 청치마 상추가 되어간다

한마디 말 붙여보지도 못하고
파도처럼 들이쳐 우르르 봄날이나 패는
눈물, 너도 한 번의 잎 푸른 종자로 오신 거라면

이참에 마음의 기침까지 아주 꺼 주시든가

보고 있으면 긴 물 자국을 내던 몇 그루 라일락
지금쯤 그곳엔 잔바람 호젓할 텐데

낳아놓고는 왜 때릴까요

경찰서가 북극성 어느 방향인지 혹시 아세요

등 뒤 어둠에서 깜짝,
긴 손가락 꺼이꺼이 슬픔 내리 짓무르던 그 애
열다섯 벼랑을 슬리퍼로 끌던, 산책길 그 애

뛰어든 이 봄이 어떻게 쓰이는지 말해주는 이 없지만

지기 전에 라일락
지기 전에 한사코, 어젯밤 그 소녀

사람 사용설명서

· 임성구

이 사람은 부자지만 일이 정말 너-무- 안 돼
절대적 극찬으로 꽃무등 태워서 말야
주머닐 열게 해야 해,
살살살 간질여가며

이 사람은 가난한데 일은 너무 잘하는 거야
적당한 칭찬 섞어 애완견처럼 키우고 싶어
초콜릿, 비스킷 하나면 속도 없이 꼬리치지

부자는 뜯어내고 가난뱅이는 부려야 제맛
내 인생 꽃피려면 잔머린 최상급으로
다 해져 너덜거리는 주머닌
소각하고 신상품으로

애완견 유통기한은 병들기 전까지야
이 말만 명심하면 무한정 금빛 인생
죽는 건 내가 아니잖니

오냐 그래 너 잘났다

시

서연우

시작은 봄이다
짚트랙
지진
비둘기들이 철교 아래
풀과 피아노
커튼을 연다
가을 무휴

시작은 봄이다

세상이 눈부시다
눈이 없어도 눈이 있어도
천만다행으로 어떻게든 공평무사하게
태어나, 눈이 부시다

빛을 가로지른다
어디라도 위치하기 위해
칡이 악수하듯 감나무의 목을 조른다
살아, 눈 아닌 눈을 달고

넝쿨이 손이다 넝쿨이 눈이다

감나무의 유서 없는 죽음을 칡이 덮어쓸 때
감나무의 벌거벗은 죽음을 칡이 덮어줄 때
누구는 자살이라고 하고
누구는 명백한 타살이라고 한다

빛이 몰려온다
넝쿨을 걸어 줄행랑을 치는

넝쿨이 우거진다 줄기차게

살아,

봄의 끝은 손이 많다

짚트랙

본 체험은 만일의 사고에 대비하여
체험을 거부당하거나 중단될 수 있습니다

구구타워의 하늘 문이 열리면
광어 우럭 해삼이 품고 있는 섬과
하늘과 바다 가운데를 가로지르는
진짜 안전하다는 안전줄
그 줄의 멱살을 잡고
줄을 탄다
푸른 도우 위에 토핑된
소쿠리섬 우도 웅도 초리도 지리도 잠도를
입안 가득 울먹이며

맨 앞의 당신이
줄에서 벗어날 확률을 점치며
빨리 가는 것과 오래 가는 것 사이에
매달린다
잠시 지구 밖으로 빠져나간 당신이
내려다본다 손을 흔들어
의기양양 손을 흔들어

하늘에 입을 맞춘다

출렁이는 파도가 있고
파도가 있고 파도가 있다
이 줄 끝에서 저 줄 끝까지 잠깐의 우주
불면 날아가 버릴지 모를 활주로
그러니 멋진 포즈는 단숨에
웃어야 한다 활짝, 웃음이 뒤섞인다
카메라는 입을 찢어
햇살의 후광을

줄을 잘 탄다는 건
꿈에도
줄을 서고 그 줄에 매달린다는 것

줄을 타면 늘 끊고 싶은 장면들이
앞에 있다

지진

수만 마리 검은 말이 지하를 달리고 있어

해 지는
식상해진 지구를 엎어버릴 때가 되었지

우리는 진흙 우리를 헤집고
아이는 쓰레기통에서 주운 빵을 턴다
바닥을 보며 나란히 걷는다

아이라는 것은 처음으로 버려진 동안일까

불행이 얼마나 넓게 퍼져 있는지
불행만을 골라 아는 척하는 1층의 우리를

자라지 않는 아이가 따라온다

우리의 바닥들이 쩌어억

1층은 어느 곳에나 있는 층이 아니었어

우리의 바닥을
수만 마리의 말들이 날뛰며 엎어버리고 있다

비둘기들이 철교 아래

발톱을 세우고 비가 쏟아지고 있었다
사선으로 서서 날개를 11월처럼 접은

비둘기들이었다 왜 11월을 떠올렸을까
표지판 4M 위의 위 철교 아래 붙들린 듯 서 있는 비둘기 떼

비가 단속하는 도시는 더 가까워지고
더 빠르게 물들고

구름이 우는 동안 비는
시멘트벽이 녹아내리듯 버티는 게 전부였다

여럿이 모여 있었다 비둘기는, 나무에서 떨어진
상수리처럼, 움직이는 듯 움직이지 않았다

비의 세례를 받는 것들은 발이 없거나 우산을 쓸 힘이

없고

    이미 늦은 출근이 맨발 같은 건 왜일까

    ……

    퇴근 시간, 여전히 비가 내리고 있다

풀과 피아노

바랭이 마디마디 번지는 여름
멱살 잡듯 토요일엔 장갑을 껴
뽑아낸 자리는 또 뽑아낼 자리

바랭이가 바랭이로
버젓이 빈틈없이 스멀스멀
태양 아래 한자리 차지한다면

기를 쓰고 뽑히지 않으려는 기운들이 들판에 흐른다
뽑혀 죽는 건 풀인데
뽑다 죽을 것 같다고 말할 때

아무 생각 없이 생각이 부덕기부덕기 누눅해
뽑고 뽑는 별반 다를 게 없는 동작을 되풀이하는

인간의 동작에는 도레미파솔라시도의
차례가 있다

침범한다, 동시에

두드린 건반에서
두드릴 건반의
손가락은 왜 제자리에 있어야 하는지
한자리와 제자리의 차이에 대해
맞는 건 건반인데
치다 죽을 것 같다고 말할 때

사로잡힌 시간이 말할 거라고
그러니까 조금 전까지의
아무 생각 없는 생각이 더 작은 단위로 오그라들어

집중한다

풀과 피아노

커튼을 연다

지하 주차장에서 잠이 들었다
소녀가 잠들 시간을 기다리다

내 이름으로 된 아파트 내가 만든 비밀번호를 누르고
침묵 속에서

내가 산 소파, 항상 내가 앉던 그 자리에 앉은
리모컨을 든 소녀
소녀는 오래도록 가요무대를 보며 나를 기다린다

얼마쯤 비어 있는 눈동자
가슴이 얕아 가난한 한숨을 쉰다는
앉아 있지만 앉아 있지 않은 듯 야윈 소녀

함께 더 버틸 수 없는 사이

내일은 이곳에서의 마지막 날

소녀는 나보다 먼저 간호사에게 이사를 알렸다

맛있게 드세요 하지 않으니 잘 먹었다 하지 않는 사이

아직 모두가 깨어나지 않은 새벽
함께 있다는 그 속에 나는 있어
커튼을 연다
네 개로 나누어진 바다를 본다 나는 살아있다
나는 내게 꼭 들어맞는 소파에 앉아
미스터 트롯을 본다 공포를 본다

피해 있고 싶어, 다시 볼 때까지
이게 다야, 복종하면서 불복종하면서, 기다린다
순간처럼 다음 차례는

소녀가 반쯤 열려 있다, 방문처럼

가을 무휴

미끄럼틀을 타다 보면
나는 남아있다 길고양이처럼

그네를 타다 보면
나는 남아 있다 풀벌레처럼

가을에는 냄새가 나야 한다
끊어지는 냄새 떨어지는 냄새

9월과 10월과 11월의 냄새

놀이터에 남은 놀이기구처럼
나는 남아 있다

아직 여름옷을 입은 어른

내 머릿결이 자라 길게 길게 하늘로

빨려 들어갈 것 같은

최석균

까마귀들이 까마득히
고양이를 삼킨 유리창
지렁이 사진
뿌리부터 눈물
간월재의 달
입춘
절연이 올 때까지는

까마귀들이 까마득히

몇 해 만인지 모릅니다
까마득히 날리는 눈발 속에서
까마귀들이 소란합니다

마을로 정찰 나온 두어 마리가
긴급 타전을 했는지
아파트 꼭대기에 수십 마리씩 무리를 지어
날아올랐다 내려앉았다
길게 소리를 지르고 부산합니다

지상의 일이야 아랑곳했겠습니까만
창원 안민동 뒷산
세 들어 정착한 까마귀 가족이 이렇게나
협조적일 줄 몰랐습니다

사람이 두른 만감을 걷어내고
흑백 왕국을 건설하는 듯

변색이 잦은 인간사 위로 하늘이 화선지를 펼치자
난무하는 붓이 비문을 써 내리는 듯

한순간 몰아치다 사라진 일입니다만
까마귀들 노는 수준이 까마득히 높습니다

안민동에 내린
비상사태를 알리는 경고음인지
신세계에 놀란 환희의 날갯짓인지
읽어내기 힘든 일입니다만

고양이를 삼킨 유리창

나비야, 부르면
짧게 울며 다가오던 고양이가 사라지고
으스름 속에서
생물 썩는 냄새가 났다

확인이 필요하다는 이웃의 말에 공감하는 정오께
비둘기가 유리창에 머리를 박았다

눈알이 돌아간 날개를 하늘 멀리 던졌지만
손아귀에 묻어있는 무게와 온기는
날아가지 않았다

환청 환각을 남기고
내게 오던 날개들은 이제 오지 않는다

고양이는 으스름 속 보금자리를 찾았고
비둘기는 유리창 속에서 낙원을 보았을 것이다

환청 환각이 오가는 이유를
물어보려다 만다 이목구비로 부딪치니까
부딪친 자리엔 밤낮없이 싹이 트고

네 입에서 내 귀로
어둠을 핥는 혀로, 유리창을 관통하는 눈으로
끈끈히 묶였다가 풀리는 중이니까

나는 네게 가고 오고
너는 내게 오고 가고

오감으로 묶인 끈을 낱낱이 끊어내면
너는 없고
나는 사라질 것이다

지렁이 사진

시멘트 바닥
뒤틀린 채 말라붙은 지렁이를 보고
사진을 찍고, 다시 꺼내서 보고

꿈틀하는 허리, 갸우뚱하는 머리로 남긴 문장을
빛과 바람의 눈이 읽으리라
노래한 적 있다
짧게, 생애라는 말을 붙이고

비 그친 날
그 인연으로 다시 만난 지렁이가 일제히
친친 감기는 흙으로, 꾹 짜낸 물기로
나를 찍어서

유서를 쓰듯 너도
허리와 머리를 굴려서 여기에 이르렀구나
노래했다 나를 베끼며

생의 출구를 찾아 촉수를 흔드는 생명끼리니
노래쯤이야 띄울 수 있지

빛과 바람 사이에 출구가 있을지 모르니
숨결 정도는 나눌 수 있지

비 오는 날의 동행이 끈적끈적하니까
탈출 직전
길 위의 공감이 뜨거우니까

뿌리부터 눈물

괜찮은지 살피고
괜찮은 표정을 지으면서 살지만
불면의 밤

방바닥에 눕기만 하면 귀가 울고

병이 오나? 머릿속
증상은 심해지고, 설마 창밖의 뿌리들이?

물어도 답이 없는 밤

혹시, 혹시 하면서
화분 몇 개
분갈이를 해보고 비를 맞히기도 했더니
귀신같이 귀 우는 증상이 멈췄다

먼 옛날 초록의 입이 내지른 신음이 내게 닿았기를

늦었지만 내 감응이 맞았기를

물과 불의 길을 따라 눈 뜨는 생명끼리
괜찮아, 묻고 답하고
괜찮지 않아, 부르고 달려가는 일이
내 마음이 만들고 또 잘못 읽은 일이라 해도

바람 부는 밤, 네가 보내는 신호

내 즐거움으로 너를 울렸구나
젖은 소리는 무엇으로 귀를 울리고
불면의 언덕을 넘어가는지

답하고 물을 수 없는

간월재의 달

간월재에 낮달이 앉았습니다
바람의 입이 달의 가슴을 지나는지
능선 따라 억새가 눕습니다

산상 음악회* 피아노와 북의 울림에
억새밭은 앉고 선 사람들로 북적북적
오월의 산길은 장마당을 펼친 듯
장타령이 넘실거립니다 한바탕
모내기노래 까투리타령이 팔도를 돌면
놀란 꿩이 억새 품을 파고들고
새타령에 봉황이 날아드니
나뭇잎은 신이 나 하늘 품에 입 맞춥니다
내 손에 간지럼을 타는 낮달은 뒹굴뒹굴
웃음을 멈추지 않습니다

그날의 소리는 두 번 들을 수 없지만
간월재에 꽃물 든 사람은

집까지 억새와 달을 지고 이고 옵니다

바람은 같은 길을 두 번 지나가지 않지만

간월재의 달과 노래를 품은 사람은

억새의 길을 걷고 걷습니다

*산상 음악회: 울주군 간월재, 임동창 피아노와 박수관 동부 민요 연주회

입춘

폭설은
찰나에 일어나서 찰나에 사라진다

나비님이 매화 향기를 실어 나르는 찰나 찰나에
하늘길이 열리는 것을 나는 보고 있다

찰나에 뻗어간 매화 가지가
찰나에 잉태한 달이 찰나에 고양이 허리를 낳는

찰나 이전의 찰나를 여행하면서 나는
찰나를 발판 삼아 날아가는 고양이 발자국에
매화가 피어나는 찰나 찰나를 보고 있다

찰나만이 나비님 날개에 사뿐
고양이를 앉히고 달에 암향을 배달한다

찰나에 의해, 찰나를 위해

겨울이, 사건이 왔다 간다

절연이 올 때까지는

꽃의 소중한 기억 하나가
꽃병엔 쓰레기로 남아서 악취를 풍길 수 있으니

내 눈앞에서 살아나는 격렬한 풍경 하나가
네겐 삭제된 지난날의 사진 한 장일 수 있으니

단정 짓지 말자
흘러서 반짝이는 고락을 풀어놓으며
멀리 있는 가슴에 삭은 밧줄을 던지지 말자

재생의 꽃, 환생의 별일지라도
어두워진 향기와 빛에 공유의 사슬을 던지지 말자

이주언

이혼 숙려 하우스
와인 드레싱
참외를 깎는 오후
겨울 눈동자
나의 뇌가 해석되는 방식
프라하 광장
나의 질량이 사라질 때

이혼 숙려 하우스

이런 사람은 만나지 마세요, 라는 말을 들었지

내가 연초록 바람을 만나거나 강에서 튀는 숭어를 만나거나 그가 던진 떡밥을 물었거나

아니, 어쩌면

연초록 잎이었다가 뜨거운 장미였다가 그를 꺾어버린 손이었는지도 모른다

하더라도 우리는

만났다 서른의 밤하늘 바라보며, 슬쩍
그의 반짝임과 그가 거느린 어둠의 알들을 품고 싶었지

하루하루 서로의 손에 이끌려

들꽃과 들개와 마주치고 가시덤불 지나고

아직
더 멀리 가야 하는데, 도저히

주저앉고 싶을 때

목록 빽빽한 내 삶의 정산서를
 그의 눈앞에 흔들어 보인다 그의 청구서도 굵은 손가락에 붙잡혀 펄럭거린다

와인 드레싱

그곳엔 유럽산 치즈와 와인이 있다
육포와 쿠키와 올리브 오일, 나의 마음을 녹이는 것들

일요일마다
신에게로 가서 한 겹씩 벗겨낸 줄 알았던 나의 허물들

그곳에서 투명하게

차례로
차례도 없이

뛰쳐나왔다 신부님의 미사주를 본 적 있지만
미사주 같은 붉은 즙, 독백의 수로가 열려

닫힌 나를 쾅쾅 두드린다
갇혔던 내 속의 내가 여럿 튀어나오고
나라는 소심한 이들은 간혹 내장 속으로 기어들기도

했다

    탱고와 트로트가 몸을 섞고
    젖은 셔츠가 와인색 얼룩을 한 템포씩 끌어안는다

    스텝을 밟으며 검은 망토를 두른 내가 무대 위로 우르르 나갔다 돌아 나오면 붉은 셔츠를 입은 내가 우르르 몰려 나가고
    아버지인 내가 소리 지를 때 언니인 내가 두 팔을 내밀며 뛰어나오고

    그때 멀리 성당의 종소리

    울린 것도 같다

참외를 깎는 오후

붉은 과도가 몸에 하얀 길을 낸다
 알이었다가 참외였다가 지구의 귀퉁이였던 것이 깎여 나간다

길이 생길 때마다 붉은 말이 달려온다
 말 한 마리, 말 두 마리, 말 세 마디, 말 네 마디……

헷갈리거나 변색해 가는

말씀의 두루마리를 말아 쥐고 그가 달려온다
 흘러넘치는 용암과 솟구치는 먼지, 참회의 기도가 뒤섞인다

베어버린 시간과 베이는 시간은 지친 표정이다
 우리의 울음은 메마르고 어디든 닿지 않아
 등외품일지라도 저 완강한 침묵을 숭배하고 싶다

참회의 기도문과 참외 씨의 눈빛이
마주 보며 잠시 반짝였으나

나는오늘도낭비하고있어요참외를붙잡고매달려봅니
다시가되지않는날들냉장고에처박혀썩어가고있어요

겨울 눈동자

나는 먼바다에서 잡혀 온 냉동 물고기

어디서 나고 자랐나 얼마나 많은 해역을 오가며 살았나

너는 답이 궁금하고
나는 언 입을 달싹 못하고

얼어붙은 내 종족의 배를 가르며 내장을 꺼내던
어판장의 손가락이 얼고 얼어 굽어 갈 때

내장이 빠져나갈수록 내 종족의 등도 굽어져
시야가 흐려지던 눈동자들

끝내
시야가 흐려지지 않는, 나는

문상을 갈 때마다
녹아내리는 너의 두 눈처럼 물을 흘리고 싶네

갈고리처럼 굽은 검지로 단단한 눈을 만져보는
어판장의 어스름

텅텅 부딪는 소리를 내며
언 눈물샘으로 두레박을 던져 넣고 있네

나의 뇌가 해석되는 방식

삶은 감자를 으깨어보았지
물기 없어 퍽퍽한, 으깬 감자 같은 나의 뇌

속에는

작은 도자기 인형이 살고 있어

손끝에 닿는 차가운 감촉, 마치
내 속에 숨어든 애인 같았지

어두운 흙 속에서 차근차근

감자가 익어가던 시간, 그 안에
담긴 기분은 조용히 그러나 깊게 뿌리를 내렸어

땡볕 아래서 토하고 싶을 때
메마른 나의 감정선 경멸하고 싶을 때

도자기 인형은 가늘고 긴 팔로 흙 묻은 땅속줄기를 건네주었지

어쩌면 이번 생은
감자의 꿈이 아무렇게나 반죽 된 것인지도 몰라
도자기의 몸처럼 금이 간 생인지도 몰라

모호한 전생과 미심쩍은 후생을 잇댄 터널
이번 생이 다가 아닐지도 몰라, 루랄라

으깬 감자 같은 나의 뇌가 노래하는 것 같다

프라하 광장

빗물 머금은 돌바닥이 번질거렸다
오래된 골목길은 모두 광장으로 이어졌다

사랑하고 마시고 투쟁하고 아이를 키우다가
세월의 탱크 앞에 두 손 들고 투항했을 사람들

돌바닥은 그들의 발자국을 다 받아냈을 것이다

광장의 카페에 앉아 에스프레소를 마시며
낯선 사람들의
생을 엿보고 싶어

커피 향을 따라나선 나의 시선은
옆 테이블에 머물다가
광장을 가로질러 대성당 첨탑 위에도 앉아 있었다

우산을 든 여행자들이

종소리에 이끌려 좁은 골목길 서둘러 빠져나오고
가다가 멈춰 선 사람은 카메라 앞에서 포즈를 취하고

고건축 배경과 기분의 색채와 날씨가
기념품처럼 휴대폰 갤러리에 차곡차곡 담길 때

중세의 천문시계탑이
참을 수 없이 가벼운 내 삶에 대고 종을 친다

고쳐 쓸 수 없는 지난 생과
다시 오지 않을 이 순간 들춰보라는 듯

같은 시간 같은 광장에 모인 심장들
천 년 전 종소리 함께 듣는다

나의 질량이 사라질 때

유전자의 나선 속에 감춰진 것들
우리는 그것을 운명이라 불렀죠
먼 곳을 떠돌수록 더 많은 운명이 엇갈리기도 했지만

들끓고 있는 진실을 믿으며
신의 프로그램일지도 모를 세계에 기대며
크고 작은 걱정을 기록하는 사람들 담배꽁초처럼 던져버리는 사람들

웃음과 눈물이 뒤섞인 생을 지나
사소한 순간의 의미들을 찾으려 애쓰며
여기까지 저기까지 당도한 사람들

죽음의 그림자가 천천히 혹은 벌써
생의 뒤꿈치에 닿아

우리가 사라지면

그 많았던 마음들은 어디로 갈까요
입자로 남아 검은 우주를 떠다니기라도 할까요

정남식

침향
갈대 바람
노을의 언덕
붉은 멍게를 기다리며
어린 멍게
목욕 불
사건의 장소

침향

여권을 펼쳐 사본을 떼어냈을 때
눈에서 눈알이 떨어질 뻔했다 내 사본이
남편의 여권을 덮은 것이다
강서구청에 가서 나를 급히 원본으로 만들었지만
심양은 거절하였다 떨어진 눈을
주울 생각 없이 나는 공항에 하염없이 앉아 있다
남편에게 붙은 나를 떼어내지 못한
너는, 출국하지 못했다

호텔 창문으로 송화강을 보고 있다
안개에 싸여 호수로 물든 나는
네 죽은 여권을 떠올린다
소방내 내원늘이 선너편 마당에서 구보를 한다
새벽 5시 반의 규칙, 날은 이미 환하다
주변 청소를 손으로 건성건성 하며 사라지는
수승하강의 오성 홍기들

자작나무 숲길이 가늘고 길다 햇빛이 천지에 내리건만
어린 나무에게는 빛이 마른다 아직 무릎은 실하고
고사목이 자작나무 뒤에서 허리 꺾은 길을 지나
셔틀버스는 S를 그리며 백두산을 긋고 있다

버스에서 내리자 1442 백두 계단이 눈앞이다
배낭에 겨울을 넣고 반팔 차림으로 계단을 오른다
봄이었으나 계단 초입 층계참에서
얼굴 일그러뜨리며 숨 헐떡거리는
가마꾼 뒤로 일생일세一生一世까지 올랐다
1314 백두 계단이여, 태어나
평생 당신 한 사람을 사랑할 수 있을 것인가
소원 붉은 리본들이 눈가에서 불고 있다
여름 이마 같은 땀을 훔치며
천지는 얼어서 숨구멍을 닫고 있다
뜨겁구나 태양의 숨결을 받아서

무언의 백두!

20억 물을 가슴에 품고 고리 불은 발아래 두었으리라

백두는 미륵 천년을 기다리느니

붉으락푸르락 한반도恨半島 태극 입술의 정치를 쓸어담을 심장이여

일생 다해 계단 내려갈 때 하늘 갑자기 잿빛이다

스산한 가을인가 서늘한 바람 안고

밥집 협곡쾌찬으로 들어간다

실로 한 밥으로 비비는 것이 통일 아닌가

백두산에서는 비빔밥 하나로도 족하다!

밥숟가락 놓자 천둥 치며 가을비를

재촉하는가 싶은데 우박이 듣기 시작한다

태극 하늘이 허를 찌르는 천지의 기상

우박과 눈, 비바람의 향연을 쳐다보니

손이 차고 발이 언다 얼른 배낭에서 외투를 꺼낸다

봄 여름 갈 겨울이 오월 한나절에 지나가는
천변만변의 천지 앞에 흰머리를
가슴에 품고 내려간다 백의를
벗어버릴 수 없는 설산이
뜨거운 눈을 뜨고
내리고 있다

조종산이여 따르리 나는 천천히 하강한다

옷을 갈아입으며 백두에서 받은 몸을 내린다
그대는 뜨거운 족욕물을 담아왔다
발을 수면에 두고 몸의 운행 방향을 잡는다
백두의 바람을 가닥가닥 썻는다
뜨거워진 머리는
양미간을 누르며 귀 뒤로 흘러간다
차가워져야 하리라 언뜻 새치인 머리여
눈보라를 맞은 가슴에 그대의 손은

눈길을 주고 있다 나는
점점 가라앉는다 천지 호수로 입수하듯
물 아래 침향을 찾아 뼈 마디마디 끊어진
피떡으로 막힌 동족 혈맥을 뚫을 수 있을까
통화通化의 안마 여인이여
한국 오빠냐고 묻고 그대는 웃는다
백두에서 묻어온 피로는 하얀 피일 것이다
그대의 안마로도 그것은 씻을 수 없는 것이니
무거운 몸으로 간직하여
침향의 혈로 운행하리라

심양 고궁박물관 입장표를 끊을 때
여권 확인 절차가 있었다 매표소 건너편에
장갑차와 무장군인이 마네킹으로 서 있다
차 한 잔 마실 시간이 지난 후였다
붉은 공기의 공안에 스캔되어
한국 원본으로 박물관에 입관했다

청심양고궁

대정전

압록강은 황토물이다
강 건너 민둥산은 북한 땅
도로를 달리는 트럭 뒤로 먼지가 산을 덮는다
걷는 점처럼, 사람이, 살고 있었네
고속 고무보트 타고 압록강을 환호하는
한국인이여 나는 소리 지를 수 없구나
압록강은 끓어오르듯 급하게 흘러간다
그리고 결코 자신을 치유할 수 없는
침향이 되어 가라앉지도 못하고
한 장 사진으로 자리를 떴다
배낭에 담을 수 없는, 한 줄기
설운 침향 덩어리여

갈대 바람

바람 부는 하늘길에
갈대는 서서 손짓을 하고 있다
이리 흔들 저리 흔들 바람 불어
줄기에 머리칼 휘날리며
바람과 헤어지고 싶지 않아
차가운 흙에 발 내리고
가을이 와서 하늘이 또 그립네
뜨거운 불볕 다하여 저무니
흐르는 낙동강 물에 낯 씻고
가슴 한 덩어리로 햇불 내리는데
갈대가 지평선을 흔든다
바람이 줄기 끝 털에서 부풀다가
이디에노 길은 있나고,
바람결에 갈대는 뿌리를 걷고 싶다
햇빛이 여흘여흘 공중 구들에 묻혀가는
타오르는 안녕인 저녁 구름 향해
황혼의 혼수상태 속으로

갈대는, 재빨리 웅크린다

노을의 언덕

구월 노을이 물드는 언덕

바다에 왔습니다

가조도 바다는

산 앞에서 조용히 물결치고

먹구름에 바람의 입김이 서둘러 붑니다

옥녀봉 가는 허리에

하늘은 구름 걷어 팔을 내놓습니다

한눈팔 듯 언덕은 바다를 내다보고

양식장 물 위에 뜬 홍백의 구슬들이

탯줄 모양 흩어져 있습니다

바다가 하늘을 받을 무렵

하늘의 팔이 제 손으로 얼굴을 그립니다

무른 볼이 놀놀하게 번지면서

입술이 빨갛게 터지고

가슴이 슬슬 타들어 갑니다

재빠르게, 물드는 검붉은 놀이

하늘을 흠뻑 적십니다

눈 닿으면 죽겠는,
사무치는 때깔인가 봅니다
그대에게 타고 싶습니다

붉은 멍게를 기다리며

한산도 바다에서 멍게가 누렇게 떴다
나는 원래 우렁쉥이, 통영에서 멍게였다
오늘따라 물을 마시는 데 힘이 들고
뜨거운 바닷물이 답답하게 느껴진다
고수온에 참지 못해 호흡이 거칠다가
견디지 못하고 내장이 터졌다
내겐 시원한 물이 필요한데,
붉어야 할 몸이 희고 뿌옇다!
"뜨거운 바다가 멍게를 삶았다"는 종만 씨
미국 식품의약청이 지정한 이 청정해역에
피멍 든 멍게 양식장이 둥둥 떠다닌다
올해 물 높이 온도는
섵불, 가운뎃물, 아랫물 모두 29도,
그나마 고수온을 피한
수심 20m에도 멍게 폐사율 100%
우리는 유령멍게인가,
강원도로 피신한 채묘는 유배가 아니건만

어서 해배되어 이곳으로 오라,
온다 해도 3년은 키워야 한다는데,
그사이 일본산 멍게가 곧 쳐들어올 것인데
그러면 우리는 멍게 폐사

어린 멍게

이번 여름 어떻게 넘겨야 할지 모르겠다
나는 한 살 일 년을 더 자라야 하는데
어업인들이 먹고 살 길 없다고,
강원 동해안에서 일 년 자란 나를 데려와
통영에서 작업하고 있다
맛과 향, 영양소, 식감이 다르지 않다고
어서 소비해 주기를 바라지만
영게도 아닌 나는 줄에 줄줄 묶여 출하를
기다린다 지난해 전멸한
부모들 제사도 못 지낸 이 바다에
고수온 대피 어장인 월하장越夏場을 짓겠단다
우리의 아파트인가 냉방을 바다에 틀겠단다
한 살 싸리 어린 멍게, 나는 멍하다
멍한 게,
바다는 망해 가는 게 아닌가 싶다
나는 바다에 뭉게뭉게 피어나고 싶다

목욕 불

한 구름이 봄바람에 흐르는 것을 보았는데
산 너머가 매캐하다 불이
산을 넘어온다 활활 타오르는 불길이
일주문까지 덮치고 주지는 방송 스피커가 되어
길길이 외쳤다 부리야, 부리야
불당의 불상을 하나씩 옮기며 소방관이 찰싹 붙었다
대웅보전 부처가 꿈쩍도 않는다
방수포로 부처를 뒤집어씌우고 목욕탕에서 철야했다
밤을 새우자 부처가 살아 있다!
명부전의 기와 불바람에 몇 개 날아갔을 뿐이다
명부전의 지장이 맞불을 놓은 것인가
경북 의성에서 불어온 불바람에 가람은 타고
일주문 한 기둥 잿빛으로 화했다
주지는 부처를 모시지 못했다고,
범종이 깨어져서 홀로 남았다
돌풍에 사나운 불길을 피한 소방관 11명
경내 목욕탕에 피신하여 살았다

목욕탕이 불佛이었다

사건의 장소*

진해의 생가에 가을이 왔다
감 너머 하늘이 푸르고
감잎 하나 내 목으로 비켜서는
비수의 잎으로 흘러갔다

비파 한 잎 따다가
간밤의 몹쓸 취기에 섞어
독 기운 입김으로 빨아 먹고
기진하더라도
아픈 어미에게 약이 된다면
비파나무 더 푸르게 하리라

고추 한 무리가 뜨거운 여름을 지나
둥근 호박을 감싸서 왔다
귤에 달린 잎 하나가
귤을 들어 올리는 저녁을
어미에게 바치겠다

진주행 들녘 레일은 구리빛 바큇살을 물리면서
진주역을 물어다 놓고는,
팔 남매의 아해가 길을 흘리고 있었다
아버지를 무단횡단하려는
걱정하는 발을 가로질러
뱀의 기운으로
장소에 사건은 이미 도착해 있었다

어깨와 팔 사이에 떨켜가 자라고
애비의 가을이 왔으므로
팔이 떨어져 나가려는지
아프기 시작했다 발이 살아가도록
수분과 피를 잃지 않으려
수지침을 수없이 맞아도
부르르 떨었다

사건의장소에는 팔 할의 남매가 앉아서

숲에 양말을 던졌더니
　　뱀이 될,

빈 접시에 나이프와 포크가 머리를 챙겼다

　　기다란 머리카락을 잘라
　　포크로 채증하듯 찍었으나
　　날 사이사이로 흘러
　　뱀이 될,

포도주는 무거운 피로 배를 파고 들었다
배는 가라앉았고 눈은 가물가물 치떴다
구토가 자랐다

　　접시에 빵과 치즈가 단단한 육포를
　　흐물흐물, 반죽반죽
　　뱀이 될,

가죽으로 덮거나 벗겨내었다
아버지를 살해할 의도는 없었다
아버지를 어머니로 만들었다가
어머니의 아들로 만들었다가
나로 만든 것이다였다

조서에 머리 둘 달린 뱀의 조사관은
남매 같은 고추와 단호박을 단박에 씹듯
자기 한 머리 먹고는 사건을 갈무리했다
애초에 사건은 일어나지 않았고
어미는, 선비 계집이 사건인 주모主母로서,
남강의 물줄기로 깊게 끌어당겨
누 손을 정중하게 맞잡았다

사건의 장소로부터
감잎의 비수가 꽃의 완수로 떨어져 내리는
생가의 너른 마당에서,

비파 한 잎 푸르게 따서 드리리라
심장이 아픈 어미에게 독이 된다 해도
척박한 무병으로 다시 살아나리라

* 진주시의 와인바.

김명희

육회를 먹습니다
목자*
라羅*
사건의 밤
어두워서
나리꽃 갤러리
끝나지 않은 봄

육회를 먹습니다

식욕을 당겨 앉습니다
씹지 않고는 견딜 수 없으니까요

연이틀 뭉친 심줄을 떼어내고
날것의 향을 기미해 봅니다 땀 냄새인 듯 아닌 듯

한입 가득 물컹거리는 육회입니다

살맛이 난다구요?

우리는 서로의 살을 뜯어 먹으며 길들여지는 종족이죠
피 다 빠져나간 팔과 다리가 다정하여

날로 먹습니다
(육회 한 상)

생살의 청정이니까요

유쾌가 맞장구칩니다

상속을 위해 화의 금줄을 쳐놓고

육회 먹는 내가 당신인가요

육회가 유쾌라구요?

목자*

밥이 나올 때까지
구름 기둥에 말풍선 매달 듯
침이 튀었다

식탁은 평평하고 숟가락은 태연했다

크고 작은 깊고 얕은 그릇이 이웃처럼 앉아
차진 밥 몇 술 게걸스럽게 엮어도 괜찮니
동지가 가까워

냉골이 발바닥에서 유리처럼 깨어졌다
긴 밤이 불어올 것이라는 예감을 눈치로 나누며

서사가 다른 각자의 밥을 꺼내놓았다
목자를 설명하느라 국이 식고

식당 주인이 과일을 건네며 목자라도 맛은 좋다고 한

것은 우연일까

    우연 같지 않은 12월, 광장의 서사가 TV 화면에 차고 넘쳤다
    목소리에 목소리를 거드는 사람들이 새카맣게 몰렸다

    목자라서
    나는 아무렇지 않게 밥을 삼킬 수 있었다

    평평한 식탁은 혁명의 다른 이름이라고
    누군가에게 말한 적 있다

* 못생김을 이르는 경남 방언

라羅*

고대에도 살았다고 한다
구김 없이 맑고 밝아서
태생이 사랑의 금수저일 것으로 추측한다

시원한 솔바람 사이 매미 날개를 펼친 듯 절창이 높다
결과 결 사이 천둥번개 비바람 오래 흘러

멸종 위기라는데

경사를 교차하면서 위사를 넣은 그물의 인연
더께 앉은 얼룩을 닦고 닦는다
조각 천에서 권 책의 행간에서 깊은 잠 털고
관세음보살의 미소를 직조하는

기록 한 필

사막 꽃구름 파도 나비의 전설을 풀고 짜다 하는 사이

새들이 바람을 마름질한다
전생의 새장에서 끊임없이 풀려나는 날갯짓

새벽 종소리를 통과한다
빌딩과 빌딩 사람과 사람 사이를 투과하는

라, 빛이라 쓰다가
라, 사랑이라 부르다

저 허공은 누가 벗어놓았을까

* <라(羅), 빛을 엮다> 전시

사건의 밤

백안白眼의 변기 성자 나의 무릎을 꿇린다

내 안에 짐승처럼 우글거리는 것들이 세를 불릴 때

깊은 어둠의 체위 불가항력 불가항……

나는 사정없이 쏟아진다

지독한 저항과 맞장 뜨는 한 판의 비몽사몽 술병의 파편 미끄덩거리는 체액은 증언이다 수차례 꺾인 목 일으킬 사이도 없이 질펀한 눈알을 더듬는다

떨이 못한 시간을 호주머니에 욱여넣고 외투를 입는 파장처럼 시금한 냄새와 왜곡될 기억과 난파된 언어

목격을 일삼은 밤이 낮보다 길다

변기 앞에 무릎 꿇고 머리부터 불쑥 들이미는 실전에
두서나 형식 따위는 없다 맹세코 고해告解도 없다

척척한 밤의 내부에서

가끔 나를 놓치는 일이 일어난다는 것뿐

어두워서

수국 여름이 무성한 분수쇼와 음악의 끝자리
노을의 그늘을 펴고 앉거나
서로 껴안고 입을 맞추었다

간이의자에 앉은 우리는 연인이 아니라서
호숫가를 달리는 속도만큼 늙은 네가
안면도에 별 보러 가자했다

별이 쏟아져도
슬픔은 아름다움의 난간에 기대 있지

먼 별을 따라 운동화 끈을 매어본 적 있지만
흰실은 냉널한 조복이 검게 우거졌다

맥주거품을 펌핑하며
별의 시간을 달리고 싶었지
주술을 부르는 밤이 꽃 같아

밤의 풀밭에서는 누구든 연인이 된다는 말
너무 어두워서
이제 우리 일어날까

풀냄새 끈적한 거기
연인이라는 별이 반짝이고 있다

나리꽃 갤러리

하늘 마당으로
꽃잎의 언어가 몰려오고 있었다

구름 발자국 지우며
집을 향해 가는 마음처럼 포근해서
향기에 젖은 적 있다

물고기 떼 휘저은 붓질에 끌려
더딘 계절의 문이 열리고
아이가 가리키는 벽돌색은
태양을 향해 키를 키우는 나리꽃

열정의 채도가 높아
눈이 멀어버린 사람의 이야기를 좇으며

아이는 까만 눈동자 꽃잎에 박아놓고
금세 사라졌다

곁눈질 없이도 한시절 꽃의 난장

태어나고 저무는 꽃의 순간을 때 알아
붐비는 나비의 원경遠景

돌아오고 있었다

무채색 눈망울들이 브릭으로
물들고 있었다

끝나지 않은 봄

꽃즙이 진물처럼 흐른다 벌건 살을 헤집어 소스 바르듯 소독한 배를 움켜잡고 벚꽃 갈비, 꽃살을 뜯는다 산벚나무에 경을 새긴 옛사람 따라 포만을 포기할까 몇 점 젓가락질로 끼니 때울 수 없는 저녁, 나는 육즙 왕성한 도화녀, 경판과 젓가락이 한 나무에서 왔을 거라는 가깝고도 먼 생각 곁에서는 고기도 꽃으로 먹어야 할 것 같아 비건vegan인 당신이 오신다면 기꺼이 한 그루 나무가 되어도 좋겠네 한 열흘 꽃 먹는 짐승이 되어 함께 뒹굴어도 좋겠네

칼 무늬 스텝 스텝
두근거림이 뜨거운 나를 해치울 차례다

김승강

유모차
심심해서 고추나 만지고 있습니다
한 줌의 고통
눈 오는 날의 논쟁
내 안의 뱀
연금의 도시
일요일은 의식이 필요해
아무도 모르는 자의 주검

유모차

전에 나는 유모차를 밀고 가는 할머니라고 썼다
오늘 그것을 수정해야겠다
유모차를 밀고 가는 처녀라고

또 나는 개가 부럽다고 쓴 적이 있다
여전히 나는 개가 부럽다
부드러운 하얀 털의 작은 개로 태어나
아카시 향 폴폴 날리는 봄날
처녀가 밀어주는 유모차를 타고 가고 싶다

조제, 호랑이 그리고 물고기들이라는 영화를 보고 유모차를 타면 기분이 어떨까 생각했는데

만약 그렇게만 된다면
네가 없는 이 세상에서
개로 살아간다 해도 후회하지 않겠다

심심해서 고추나 만지고 있습니다

어릴 때였습니다 방학 때였습니다 마을 아래 바닷가 쪽에 군부대가 있고 군부대 옆에 군용비행장이 있고 비행장 한쪽에 골프장이 있었습니다 우리는 골프공을 주우러 갔습니다 골프장에는 민가와 가까운 쪽에 큰 소나무들이 서 있는 작은 동산이 있었는데 그 동산에서 친 골프공이 간혹 골프장 담장 밖으로 날아오곤 했습니다 우리는 골프공을 주워 담장을 사이에 두고 골프공을 잃은 골퍼와 흥정을 해 주운 골프공을 팔았습니다 골프공이 날아오지 않는 날이면 동네 형들을 따라 사격장에 가서 총알 탄피를 주워 고물상에 팔았습니다 탄피를 줍는 것은 위험하기 때문에 군부대에서 일하는 사람들이 잡으러 나왔습니다 그 뒤 안 일이지만 그들은 영화 빠삐용에 나오는 탈옥자들을 잡는 헌터 같았습니다 그들에게 잡히면 호되게 욕을 먹고 부모님을 욕되게 하거나 파출소에 넘겨지기도 하고 학기 중이라면 담임선생님에게 인도되기도 했습니다 방학은 신나고 재미있기도 했지만 지루하고 맥 빠지는 때도 있었습니다 어느 해 방학이었습니다 마을 중앙 한쪽 구석에는 달고나 장사가 있었습니다 그곳에 놀러갔습니다 벌써 아이들 몇이 동그랗게 이마를 맞대고 앉아 있었습니다 그 중에 장사 아저씨 덩치만 한 동네바보 형도 있었습니다 아이들의 돈도 떨어지고 장사가 안되어 심심하면 아저씨는 동네바보 형에게 바지를 내리라고 했습니다 이미 만들다 실패한 달콤한 달고나를 얻어먹은 동네바보 형은 기다렸다는 듯 바지를 내리고 그것을 꺼내 다시 쪼그리고 앉았습니다 그것은 우리들의 것과 달리 어른의 그것이었고 우리는 동네바보 형의 그것이 부러웠습니다 우리의 부러움을 안다는 듯 동네바보 형의 그것은 점점 커지기까지 했습니다 그러다 갑자기 동네바보 형은 벌떡 일어나 바지춤을 올리고 아무 일도 없었다는 듯 가버리는 것이었습니다 장사 아저씨는 그 이유를 알고 있었습니다 소꼴을 베러 갈 시간이라는 것이었습니다 소꼴을 베어놓지 않으면 저녁을 얻어먹을 수 없다고 했습니다 동네바보 형이 떠나고 우리도 저녁 먹으러 집으로 돌아왔습니다 밤이 되어 나는 잠자리에 누워 바지 속으로 손을 넣고 동네바보 형을 생각하며 내 것을 만져보았습니다 오늘 바보 같은 나는 아무 데도 소용되지 못했을 동네바보 형의 그것은 얼마나 심심했을까 생각하며 그때처럼 내 것을 만져보고 있습니다

한 줌의 고통

 한 줌의 고통이 도착했다 한 줌의 고통은 택배로 배달된다 택배기사는 내가 없는 집 문 앞에 한 줌의 고통을 던져두고 사진을 찍어 내게 전송해주었다 한 줌의 고통을 배달했노라고 퇴근해 나는 배달되어 온 한 줌의 고통을 내 방의 한 줌의 고통들의 공동묘지에 매장한다 내 방에는 한 줌의 고통들의 공동묘지가 있다 한 줌의 고통들은 내 방의 공동묘지에 켜켜이 쌓여있다 한 줌의 고통들은 저마다 묘비명을 갖고 있다 나는 종종 배달되어 온 한 줌의 고통의 묘비명과 그 망자의 이름을 확인한다 나는 매일 밤 한 줌의 고통의 공동묘지에서 한 줌의 고통과의 결별을 선언한다 그리고 나는 매일 아침 지난밤 했던 선언을 망각한다 매일 밤 한 줌의 고통에 대한 외면과 매일 아침 한 줌의 고통에 대한 위로가 표면적으로 넘쳐난다 나는 내 방 안의 한 줌의 고통들의 공동묘지의 묘지기; 나는 한밤중에 일어나 한 줌의 고통의 공동묘지를 지나 화장실을 간다 어둠 속에서 한 줌의 고통들의 실루엣을 확인한다 나는 화장실을 다녀와 가장 최근에 도착한

한 줌의 고통 옆의 내 관속으로 들어가 눕는다 내 무덤에는 아직 묘비명이 없다

눈 오는 날의 논쟁

그가 커피를 한잔하자며 왔다
매일 오는 그지만
눈을 털며 들어오는 그가 새삼 반가웠다
오늘은 자신이 커피를 타겠다며
비닐 스틱을 뜯어 종이컵에 커피 분말을 쏟아붓고
정수기에서 뜨거운 물을 내려
비닐 스틱 끝을 담가 스푼처럼 휘저었다

일찍이 나는 그의 손을 의심한 적이 있다
커피를 탈 때 그의 손이 분말을 담은 비닐 스틱의 끝을 찢어냈으니
손을 씻지 않았다면 우리는 불량 커피를 마시는 것이다
내가 그 점을 말했더니 그는 기다렸다는 듯
저명한 박사가 티브이에 나와 내가 불신하는 그 지점을 설명해 주었다면서
걱정할 필요가 없다고 했다

나는 그 박사의 설명을 듣지는 못했지만
내가 의심하는 것은 그의 손이었는데
그는 자꾸 비닐 스틱은 위생 처리가 잘 되어 있다고만 말했다
아무리 인스턴트라지만 손을 씻고
커피를 타야 한다는 것을 강조하고 싶은 것이었는데
그는 내 말을 알아듣지 못했다

우리가 논쟁하는 사이
커피는 싸늘하게 식었고
그는 식은 커피를 놓아둔 채 아무 일도 없었다는 듯
일어나 나갔다

눈이 적은 도시답게
밖은 이미 눈이 그쳐 있었다

내 안의 뱀

자전거를 타고 오월 강변을 달렸습니다
강 언덕에 금계 꽃이 노랗게 피었습니다
잠깐,
저기 급히 기어 달아나는 저것은 무엇입니까
뱀이었군요
뱀이 강변에서 올라와 자전거길을 가로질러 가다
자전거 바퀴를 본 것입니다
길 위의 바퀴는 무법자,
바퀴 아래 예외는 없다는 것을 모든 기는 것들은 아는 것일까요
뱀은 몸을 날려 건너편 수풀 속으로 달아났습니다
그런데 말입니다
그때 나는 나도 모르게 자전거 페달을 더 힘껏 밟는 게 아니었겠습니까
내 자전거 바퀴 앞을 가로질러 가는 것은 그 어떤 것도 용납할 수 없다는 듯이 말입니다
사실은 나도 무척 놀랐습니다

놀람은 분노로 이어졌습니다

분노가 페달을 더 세게 밟게 한 힘이었다고 확신합니다

나는 내가 왜 놀랐는지 그래서 왜 분노했는지 생각해 보았습니다

그렇습니다

내 안에 또 다른 뱀이 한 마리 똬리를 틀고 있었습니다

내 안의 뱀이 내 밖의 뱀을 발견하고 놀랐던 것입니다

내 안의 뱀이 달아난 숲속의 뱀을 덮쳤더라면 어떻게 되었을까요

그때는 아마 내 자전거 바퀴가 그 뱀을 밟고 지나갔을 것입니다

우리가 종종 보았듯이

뱀은 길 위에서 으깨어진 채 수많은 바퀴 아래서 흩어져 갔을 것입니다

내 안의 뱀을 화나게 하고 달아난 뱀은 지금 어디쯤 숨어 있을까요

뱀을 만나는 일은 언제나 모골이 송연해지는 일이었는데

그것은 우리 안의 뱀이 고개를 쳐드는 순간이 아니었을까요

뱀을 보고 놀라는 당신

그 놀람은 분노이고

그 분노는 당신 안에 뱀이 있다는 증거입니다

연금의 도시

 세상에는 두 개의 해가 있다 제시간에 뜨고 제시간에 지는 해와 늦게 뜨고 일찍 지는 해; 연금의 도시는 해가 늦게 뜨고 일찍 졌다 시민들은 오전 늦게 일어나고 오후 일찍 잠자리에 들었다 시민들의 대부분은 퇴역 군인과 그 아내들로 매월 나오는 일정액의 연금으로 생활했다 연금의 도시를 방문하는 자는 너무 일찍 도착해서도 안 되고 너무 늦게까지 머물러서도 안 된다 연금의 도시는 일용품과 식용품을 파는 상점이 없는 것은 아니고 술을 마실 수 있는 술집이 없는 것은 아니지만 상점과 술집은 시민들의 생활 리듬에 맞춰 문을 늦게 열고 문을 일찍 닫는다 연금의 도시 중앙에는 넓은 광장이 있고 광장을 중심으로 방사선 방향으로 대로가 뻗어나갔다 대로와 대로 사이에는 칼로 두부를 자른 것처럼 집들이 가지런히 정렬해 있고 집들과 집들 사이 칼끝이 지나간 자리로 골목길이 있었다 집들은 오래되고 골목길은 은밀했다 오래된 집들과 은밀한 골목길을 보기 위해 찾는 사람들로 도시가 북적일 때도 있다 중앙광장 위쪽에는 전쟁을 지휘하는 장군처럼 도시 전체를 조망하는 기차역이 버티고 서서 광장을 낮게 내려다보고 있다 연금의 도시가 흥청거렸을 때 그 역을 통해 기차는 외부의 물량과 외지인들을 실어 날랐다고 했다 이제 역사는 그 기능을 다하고 녹슨 철길에는 기차가 몇 량 방치되어 있는데 비 오는 날 기차를 보려고 관광객들이 기차역을 찾고는 했다 일설에 의하면 관광객들은 네루다의 질문의 시의 한 구절 "빗속에 우두커니 서 있는 기차보다 더 슬픈 게 있을까"를 외우며 눈물짓고는 했다고 한다 연금의 도시에 어둠의 장막이 내려오면 시민들은 급히 잠자리에 들었고 몇 군데 술집만이 불을 밝혀 도시를 지켰다 도시의 시민인지 아니면 아직 도시를 떠나지 않은 관광객인지는 알 수 없으나 사내들이 술집에서 술잔을 기울이는 모습이 종종 목격되고는 했다 그들은 술이 거나하게 취하면 흥에 겨워 노래를 부르기도 했는데 그 노래는 대부분 늙은 군인의 노래였다고 했다 혹자는 연금의 도시의 밤을 인공위성에서 내려다본 북한의 밤에 비유하기도 했는데 과장

된 측면이 없지 않지만 연금의 도시의 영광과 몰락을 강조하기에 적절한 비유라고 할 수 있었다 술집에서 흘러나오던 늙은 군인의 노래마저 잦아들고 마지막 술집의 불이 꺼지면 연금의 도시는 비로소 도시 전체가 깊은 잠 속에 빠져들었다 내일이 온다 해도 일찍 깨어 바쁘게 움직일 필요가 없는 연금의 도시는 어제가 오늘 같고 오늘이 어제 같았다

일요일은 의식이 필요해

늦게 일어나
아침은 대충 먹는다
다 계획이 있다
얼른 뒷산에 올라갔다 내려와
정갈히 씻고
전날 정성껏 골라 사둔 고기를 구워
나에게 술 한 잔 바칠 것이다

교회는 안 나간 지 오래 되었다
몇 번을 다시 나갔다 포기했다
자전거가 내 가슴 속으로 들어왔듯
네가 내 안으로 들어왔듯
믿음이 내게 들어와 주길 바랐는데
믿음은 그런 것이어야 한다고 생각했는데
안 되었다
자전거와 믿음은 달랐다
사랑과 믿음은 달랐다

어느 날 문득 믿음이 자신에게 들어왔다는 사람들이 부러웠다

일요일 어떤 의식이 필요하다면
나는 이제 내 방식의 의식을 이어갈 것이다
오후에는 흐린 눈으로 저녁노을을 바라보며
일요일의 내 의식을 맘껏 후회할 것이다

아무도 모르는 자의 주검

먼 숲속, 나뭇가지에서 손을 놓아버리는 나뭇잎처럼
먼바다, 수면 위로 뛰어내리는 눈송이처럼

저만치 혼자 시드는 꽃처럼
새벽에 몰래 지는 별처럼

집을 나가 돌아오지 않는 개처럼
산책길에서 사라진 고양이처럼

허공 속으로 날아간 새처럼
심해로 내려간 고래처럼

정상을 향해 길 떠난 킬리만자로의 표범처럼
현해탄에 몸을 던진 철학자처럼

자신의 주검이 부끄러워
아무도 없는 곳으로 자신을 버리러 가는

박은형

다큐, 산란
철비
풍등
틴트
궤도에 관한 소회
옷집 교정
시월

다큐, 산란

오늘 죽음의 감각으로
한 가지 기법만 쓸 수 있는데

민머리검은수리떼가 눈동자를 파먹는다
정확한 헛발질처럼

어미라는 불멸의 구덩이에 죽음을 낳으려
사력을 합쳐 거북이는 눈을 주어 버리고

해변은 앞다투어 쏟아지는 알의 흰 잠을 받는다
줄줄 흘러버릴 한 가지 감각을 깊이 품어준다

파도에 아직 쓸려가지 않은 모래가

기후로부터
개의 후각으로부터
인류의 미식으로부터 지키는 것은

내일이라는 전생

5만여 마리 어미 거북이 바다로 가고

한 가지 기법의 감각만 쓰이는 해변에는
깨진 잠의 껍데기를 차지한 일몰, 붉게 나뒹군다

철비

 생활의 무대를 떠난 화음들이 망각의 선반에서 통성명을 청한다 사분, 다비, 봉초, 서답, 철비* 따위 옛말의 종루에서 온 이름들

 나는 살았고 나는 잊었고 원형의 숲에서 멀리 벗어났는데 몽상에서 돌아온 앳된 소년마냥 두꺼운 기억의 미금을 털며 온다 벽화처럼 꼬리 긴 발화

 아랫배 판판하게 데워주는 품이 그 옛날 배앓이 처방하던 약손을 닮았구나 식전이면 헛기침 대동하고 밤을 지낸 첩 집에서 돌아왔다는 지아비, 이제는 잊힌 저 이름들처럼 잘 잊어 주었을까 재령 이씨 내 할매, 말수 적던 양주 씨는

 소박의 통각 그을려 준 봉초 연기도 그렇고 밤이슬 전에 걷어 들인 서답도 그렇고 생각해 보면 내 몸은 시절 지난 말들의 수몰지여서 때로 설탕 태운 까만 단내가 도

는 듯도 하다

 내 목숨의 어느 칸에 화석으로 몄어 있다 찌르르 신호음을 보내 온 말들은 잊는 줄도 모르고 잃어버린 부스러기별의 얼굴일까 예까지 그럭저럭 할머니 물림으로 온 나는 산산조각 나고서도 요령 없이 살아낸, 도리 없던 그 마음에 눈물 기울여 본다

 부르기도 곧잘 어여쁜, 이름이 추억이고 슬픔이 이름인 머나먼 시절의 나의 철비야

*비누, 양말, 봉지 잎담배, 빨래, 잠자리를 이르던 어릴 적 말

풍등

철길에 내려주고는 가이드가 소원의 이름을 지어보라고 한다 생각해보니 소원이라는 건 태양에 매달린 고드름 같다 꿋꿋이 따로 기어가고 있는 철길을 밟고 여행자들이 각종 구원과 소망 따위를 찾아놓으면 몇 마디 서툰 외국어를 외운 이국 소년이 잘 놓아야만 뜨는 고난도 기술을 가르쳐 준다 슬리퍼에 끼운 맨발을 빗속에 두는 건 소망을 더 높이 키우려는 소년의 전략이라 믿고 싶다 고심해 지은 내 소원이 먹물을 타고 질질 흘러내린다 검게 먹칠한 소원을 바르고 풍등은 높이 떠서 소원을 갖다 버린다 뜨지도 않고 지레 고꾸라지는 소원도 있다 찢어지는 소원도 보인다 다른 바람을 끄집어 타고 홀로 사라지는 소원도 있다

멀리 생활 밖으로 날아와 공중에 색색의 소원 등燈을 켜는 사람들

학습으로 딱딱해진 어른의 부위를 누그러뜨리고

허공의 종이다이버를 위해 오늘 하루 환호 코뿔소가 되어보는 사람들

 안전모를 쓰지 않아 좋다 희망이 올라탄 녀석의 육체가 얇고 가벼운 것도 좋다 제발 멀어지라고 두 팔 세게 흔들어 보내버리는 것이 소원인 것도 좋다 소원 없는 곳을 찾아 이내 풍덩 주저앉을 소원들이 풍등을 입고 일제히 빗속을 날아오른다

틴트

입술의 태도를 바꿔보라는 주문

수줍은 복숭아인 척*
사연 있는 자두인 척
치명적인 석류인 척
블랙베리 데낄라인 척

요일마다 척척
장만한 발색을 일삼는다 해도
묻어날 사연은 동나고 없는데

치명을 구하러 먼 페르시아로 가야 하나
흔들리는 데낄라인 척 어느 달밤을 밀물져 볼까나

옛적 엄마 입술엔 구찌베니였던 저것

복숭아인 척

석류인 척

골라보는 거짓말

* 틴트 이름

궤도에 관한 소회

겨울인데도 눈은 오지 않고
저녁별 하나가 눈썹달 옆구리에 붙어 지내는 밤입니다
눈밭을 굴러먹은 꿩 울음을 길어다
오래 물려받은 외로움을 헹구고 싶은 그런 밤입니다
지금도 알아가는 중입니다만
차고 반짝이고 잘 깨지는 감정은 늘 먼저 감지됩니다
저 별이 달과 독보적으로 가까운 것은
궤도와 주기, 경도 그런 사연 탓이라는데
나는 앞으로도 숲의 대장장이 소행이라 떠벌일 것입니다
알아가다 말다 하던 이 중에
궤도 때문에 별이 된 사람이 있습니다
애인에게 영원의 상징으로 남겠다고
눈만 뜨면 끌과 망치로 얼음 사랑을 고쳐댔습니다
몸 안에 지직대는 욕망의 주파수를 바꾸러 폐광으로 간 사람
대리석 제단에 눌러앉은 신을 찾아가 머슴이 된 사람

한때 같은 경도에 머물렀었지만
마치 우연이기라도 한 듯 지금은 서로 잊혔습니다
누가 더 멀리, 이름을 내던질까요
고양이들만 털옷처럼 툭툭한 추위를 끌고
떨어지는 달과 별의 죽은 낭만을 수습하는 밤입니다
쓰던 얼굴을 공기 중에 차례로 벗어놓고
미구에 우리가 사라질 일은
모두 저 별의 궤도와 관계된 일임을
새삼 생각하는 겨울 늦은 밤입니다

옷집 교정

 문이 열리다 만다 완력은 변형된 물 만큼이나 딱딱해서 어림없지 쪼그라진 대추나 반신반의 미혹 따위, 메마른 것들을 몰아넣고는 말짱 잊고 지낸 붙박이 냉장고 사과를 닮은 전원 표시를 눌러 놓자 냉장고는 물기 없이 차고 두꺼운 덩이를 뚝 떼어 준다 캄캄함을 끌어다 피운 동경일까 내버려두면 안방, 현관까지 더 단단하고 투명한 잠으로 자랄지도 모를 얼음의 세계

 겨울 내내 같은 롱 패딩이 걸린 한산한 옷집에서 굽 낮은 부츠에 대해 묻고 그 실용성과 발의 늙은 통증에 대해 듣는다 양말을 벗어 보여주는 발가락 교정기와 볼이 넓은 신발의 신세계에 대한 주인 여자의 찬사는 환대의 방식에 관한 은유 중 한 가지

 구원久遠한 구원救援을 가져다주었다는 목록에 이어 여자는 오래 걸어 두었던 패딩을 내려 보인다 하강하는 밤공기의 치수와 계절의 내장재에 관한 정보를 옷의 안팎을 뒤져가며 살뜰히 찾아준다 그러다 짬짬이 몫의 구원을 떼어 강아지 초코에게 먹이곤 하는데 그때의 비음

솟구치는 화법은 오늘의 교정 중 압권이다

    옷집 여자와 전원 끄기 놀이를 한 것처럼 마침내 나는 롱 패딩의 헐한 주인이 되기로 했다 땡 없이 반복되는 얼음땡 놀이를 교정한 자세로 계절을 데리고 돌아오고 얼음덩이는 흐르는 몸을 얻기 위해 다음날까지 엎드려 있다가 간신히 하수구로 사라졌다 정신과 육체의 순진한 부위가 순조롭게 낡아가는 기분을 태우고 따돌리지 못할 겨울 속을 사람들이 흘러간다 가끔은 얼음 잠을 자고 가끔은 붙박이 얼음이 되기도 하면서

시월

　기차를 탄다 오래 보아왔지만 잊고 지내기 좋은 뒷모습을 견지하며 우리는, 새마을호 한 칸에 실린다 여음이 긴 애인의 크고 낡은 외투같이 객실은 텅 비었다 아무 글귀도 적지 않은 몇 장의 포스트잇처럼 가을 차창에 붙어 귀인이 기다린다는 서쪽 언덕의 망루나 하루만 꽃피우는 닭의장풀, 그 남빛 하품을 모으는 초원의 뒷문 따위 쓸모를 생각한다 몇 알의 물든 밀감 껍질은 사이좋게 뜯다 만 추억 정원사의 질 좋은 가위로 자른 성싶은 삼십 분짜리 소멸을 덜컹이며 계절 속으로 기차는 간다 만난 적은 있지만 안다고는 할 수 없는, 알기는 하지만 만나지는 않는 그런 류의 숱한 질문지를 싣고 취향대로 오르거나 내리는 시월, 다 젖고 말도록 붉은 마음 들이마신 얼굴늘이 거기 내린다

임성구

구름 위에서의 식사
말린 꽃처럼
못이 두 개
하느님, 이제 편히 쉬세요 - 어느 사형수의 마음 대필
밤비
결혼 30년 차 사후의 연애담
직지사로 드는 문
산안개가 놀다 간 자리
비평

구름 위에서의 식사

오늘은 부다페스트로 구름 맛집 찾아간다
몇 천 피트 상공에서 해결하는 점심시간
발아래 머리 위에도 뭉게뭉게 펼친 장관壯觀

와인 햇살에 동화되어 포크를 찍는다
한 입씩 목넘김하는 몽글한 구름스테이크
식객의 목젖 타고 흐른 육즙들의 경전經傳이다

형용사가 필요 없는 감탄사 덩이덩이들
저 장관과 이 경전에 발목이 빠진 사이
스르르 식판 차가 사라진다, 일방으로 사라진다

말린 꽃처럼

한 생이 거꾸로만 매달려 있습니다

당신처럼 천천히 눈물을 증발시킵니다

절정을 알아가는 시간 죽음까지 예쁘도록

못이 두 개

1.

언제부터 복장뼈에 숨어들었나 몰라

바쁘던 망치질 소린 텅텅 비어 있었는데

긴 비가 오실 때마다 녹슨 물이 참 잦다

2.

가슴골엔 도랑물이 졸졸졸 흘러내리고

명치 끝엔 커다란 하느님의 호수 하나

한 번도 맑디맑은 물 가둔 적 없는 호수 하나

하느님, 이제 편히 쉬세요

- 어느 사형수의 마음 대필

말 안 듣는 사람에게 시간이 많았을 땐
당신 근심걱정은 그 사람보다 태산이어서
가슴이 새카맣게 탄 회색 구름이 되었지요

이제는 고분고분하여 한시름 놓이시죠
삼시세끼 식산 물론 약도 참 잘 챙겨요
시간도 너무 잘 챙겨 먹어, 밤이 무척 빠르네요

겨울밤 한가운데 다소곳이 앉은 사람
기도가 간절하네요, 참 착한 기도네요
풍파도 자알 잠재웠으니
당신께로 갈게요

밤비

모두가 곤히 잠든 밤의 광장에는
장대비가 내린다, 소리로 듣는 장대비
밤에는 보이지 않는 것까지
펼쳐 보는 초능력

하늘에서 흘러내리는 하느님의 성경 구절
세상에 물이 덜 든 새싹의 심장에
똑, 똑, 똑, 주룩주룩 와서
푸름을 심는 능력

밤은 분명 숯 같은데 아름을 껴안는다
거센 빗줄기에 푸르름은 확장되고
쉼표와 마침표를 모르는 밤
쪽배 한 척 띄운다

결혼 30년 차 사후의 연애담

내 잠깐 죽어서 말야, 백설공주와 사랑했어
마녀에게 건네받은 독 사과를 내게 줬어
영문도 모르는 나는 말야, 단숨에 베먹었지
숨넘어가는 그 순간에 곁눈질로 그녈 봤어
시퍼런 눈동자에 핏빛 긴 손톱으로
내 붉은 간을 빼 먹는 거야, 깔깔 웃는 난쟁이와
빛깔 곱고 맛있는 독 사과의 얼굴을 한
잠에서 깬 백설 왕자는 백설 공주를 찾고 있어
치명적 아름다움으로 거울 속에 사는 여잘
30년 차 백설 공주는 서서히 마녀가 돼
거울아 거울아 세상에서 누가 제일 얄밉니
만고의 고생을 다 시킨 남편과 자식 진짜 얄미워
만약에 말이야 다시 또 태어난다면
사기꾼 같은 남편 말고 웬수 같은 자식 말고
저 배우, 조각 미남의 배우, 차은우와 살고 싶어

직지사로 드는 문

황악산 산문山門 하나를, 활짝 열어젖힙니다
속세에 배배 꼬인 마음이 물듭니다
무성한 초록들이 키우는
꽃대궁의 마음입니다

작약은 작약대로 수국은 수국대로
환하게 피어나듯 산바람이 건너옵니다
무한정 부풀어 오르는
하심下心 뒤의 화심花心입니다

어느 경전 구절이 이다지 환할까요
산 아래 백수 선생도 잎잎 바람에 몸을 씻고
청명 詩 아로새겼겠지요
꽃마음 살짝 받듭니다

산안개가 놀다 간 자리

신록이 온 산자락을 뒤덮고 있는 유월
여름비가 유리창에 종일토록 흘러내리고
커피 향 무르익는 감천골엔
한 사내가 앉아 있다

무학산 안개 시인이 원고지를 펼쳐놓고
시 한 편 쓰는 동안 귀신 하나 왔다 간다
빼꼼히 얼굴 내밀었다 사라지는 신록 사이

애간장의 행간에는 숨바꼭질 한창이고
잡힐 듯 잡히지 않는 시 퍼즐을 다 맞추면
사라진 귀신이 다시 와서
산수국으로 피고 있다

비평

1.

가을에서 겨울로 건너가는 삼척에 와서

시뻘건 단풍에서 바싹 마른 파도가 와서

심장이 시뻘게지도록 첫새벽에도 후려친다

오늘은 정신 차려 꽃처럼 살아보자고

내일은 제발이지 좋은 씨앗 되라고

이 멍이 까매지도록 사정없이 후려친다

망망대해 어느 바위 힘찬 해가 떠오르면

새까만 심장을 바닷바람에 씻어내어

쉼 없이 앞만 보고 가라고 사정 한 번 안 봐 준다

2.

"네네 하느님, 잘 알겠습니다" 널따란 당신 가슴에

'나'라는 배를 띄워 이 두려움 넘어서겠습니다

엔진이 뜨거워지도록 푸른 채찍 가하겠습니다

사유악부 시인선 09
울 3집

사건의 장소
초판1쇄 발행 2025년 8월 20일

지은이	<울 동인> 서연우 최석균 이주언 정남식 김명희 김승강 박은형 임성구
펴낸이	이지순
편집	성윤석　　**디자인**　디자인무영
제작	뜻있는 도서출판
	경남 창원시 성산구 반송로 149 205호
	전화 055-282-1457
	팩스 055-283-1457
	이메일 ez9305@hanmail.net
펴낸곳	사유악부
	(사유악부는 뜻있는도서출판의 현대문학 임프린트입니다)
ISBN	979-11-989617-7-8　03810

※ 이 책의 저작권은 뜻있는도서출판 (사유악부)에 있습니다.
※ 뜻있는도서출판(사유악부)과 저작권자의 허락 없이는 이 책 내용의 일부 또는 전부를 재사용할 수 없습니다.
※ 책값은 뒤표지에 있습니다.